AF564073

LETTRE
DE ROME

PAR

LE DUC DE PERSIGNY

PARIS
E. DENTU, LIBRAIRE-ÉDITEUR
PALAIS-ROYAL, 17 ET 19, GALERIE D'ORLÉANS

1865

LETTRE
DE ROME

PAR

LE DUC DE PERSIGNY

PARIS

E. DENTU, LIBRAIRE-ÉDITEUR

PALAIS-ROYAL, 17 ET 19, GALERIE D'ORLÉANS

1865

LETTRE DE ROME

ADRESSÉE

A SON EXCELLENCE M. TROPLONG

PRÉSIDENT DU SÉNAT.

Rome, 30 avril 1865.

MON CHER PRÉSIDENT,

Je vous écris de Rome où je suis venu rechercher la cause des difficultés qui divisent en France l'État et l'Église. Depuis longtemps je pressentais l'existence d'un grave secret au siége de la Papauté, et je me proposais d'aller l'étudier sur les lieux mêmes. J'avais la conviction qu'en écartant résolûment les voiles qui cachent la vérité je pourrais rendre un service à l'Empereur et au pays, et voilà pourquoi je n'ai pas attendu qu'on me donnât cette mission ; je me la suis donnée moi-même.

Et cependant le secret n'était pas difficile à pénétrer, car il se produit ici au grand jour et apparaît à tous les yeux aussi éclatant que le soleil qui éclaire en ce moment la ville éternelle. Ce grand secret qui n'en est un pour personne ici, c'est l'existence à Rome d'un parti organisé depuis longtemps par les ennemis de la France, d'un parti qui domine tout, le Pape, les cardinaux, les congrégations, le gouvernement ; qui, dans sa haine des principes de notre législation civile, jouerait sans hésiter contre ce qu'il appelle la révolution la sécurité de vingt Papes, et qui, maître de tous les instruments de la puissance spirituelle, n'a d'autre pensée que de les faire servir à la désorganisation de la France actuelle et au triomphe de ses ennemis. Telle est la foi de ce parti dans les forces mystérieuses dont il dispose, qu'il ne prétend à rien moins qu'à courber, d'abord, sous son joug tout ce grand clergé de France, le plus noble, le plus illustre de l'Europe, le plus célèbre par son esprit d'indépendance et de nationalité; puis, par le concours de toutes ces forces réunies, à renverser l'œuvre déjà presque séculaire de la Révolution française.

Vous savez déjà, mon cher Président, par quel mélange de caresses et de menaces il a su s'emparer d'une partie de nos évêques, séduire les uns, effrayer les autres, et les forcer tous à compter avec lui ; comment, en plaçant nos plus fermes prélats dans cette alternative fatale ou de la révolte ouverte contre le Saint-Siége ou de la soumission absolue à ce qui n'est qu'un parti, il est parvenu à dompter quelques-uns des plus fiers courages; comment, enfin, en les entourant d'une surveillance humiliante qui subordonne le séculier au régulier, le prêtre au moine, il a jeté le trouble dans toute l'Église de France.

Oubliant que le clergé français, après tant d'années d'une existence précaire, n'a reconquis sa légitime influence que par le bras puissant qui a rétabli en France le principe d'autorité; ignorant surtout que, quelles que soient les vertus qui le recommandent à la considération publique, il ne saurait se passer ni de la protection de l'État, ni des sympathies du grand prince qui, dans toutes les difficultés, le couvre du manteau de sa popularité, c'est par le clergé même que le parti dominant à Rome ne désespère pas en plein dix-neuvième siècle de soumettre l'État à l'Église.

On a peine à s'expliquer une ignorance aussi étrange des conditions de la société moderne et de l'état de la France.

Mais, quelque insensé que soit ce but, il est poursuivi avec une ardeur et une persévérance que la raison elle-même trouve rarement à son service.

Imaginez à côté des cardinaux tout un monde de diacres, sous-diacres, monsignori, prêtres, moines, princes, nobles, avocats, etc., distribués dans une vingtaine de congrégations, ces diverses congrégations formant en quelque sorte comme autant de sections d'un immense conseil d'État pour étudier, juger et décider de toutes les affaires de la catholicité : les congrégations du Saint-Office, du Consistoire, des Immunités, de la Propagande, de l'Index, des Rites, etc.; figurez-vous cette administration du gouvernement spirituel de l'univers avec un personnel de trois à quatre mille employés ecclésiastiques ou laïques à Rome, de quinze mille agents ou correspondants au dehors ; et si vous vous représentez que toute cette hiérarchie, que toute cette vaste organisation est agitée de la même idée, émue de la même passion et qu'elle marche au même but, vous ne vous étonnerez pas de l'impuissance d'un Pape, quoique le plus sage, le plus saint des hommes, à maîtriser un tel ensemble de forces. Quand un parti qui personnifie les intérêts et les préjugés d'un autre temps occupe toutes les situations, tous les abords du pouvoir et domine tous les corps publics, il n'y a pas de souverain au monde capable de remonter le courant de ces passions. Un prince peut sans doute, comme Pie IX, par son ineffable bonté et les vertus touchantes dont il orne le trône pontifical, adoucir les frottements de la violente machine qui l'emporte, mais non pas en changer la direction.

Il n'appartient donc à personne de dénouer la situation que présente Rome. Cette conspiration au sein de la papauté contre la seule puissance qui la protége, et puisse la protéger, cet anachronisme de deux siècles en arrière de la civilisation, tout cet échafaudage de préjugés ne croulera qu'en se heurtant à la réalité des choses, comme l'avalanche ne s'arrête qu'au fond de l'abîme. Or le moment approche où cette forteresse du passé contre le présent va être soumise à une épreuve suprême. Déjà un trouble étrange semble agiter ce monde de chimères. Pour la première fois, peut-être, le doute se glisse dans ces esprits obstinés, et çà et là, quelques intelligences, frappées par la logique des situations, commencent à s'effrayer de notre longue magnanimité.

Qu'elles se rassurent ! La France est la nation chevaleresque par excellence. Elle sait par sa propre histoire à quelles illusions, à quelles passions la lutte des idées peut donner naissance. Autant elle se sent capable de braver les forts, autant elle est disposée à pardonner à l'erreur et à protéger la faiblesse.

Et cependant si jamais un parti a mérité le châtiment de ses fautes, c'est celui qui s'efforce depuis quinze ans de faire du père commun des fidèles l'instrument de ses passions politiques ; qui, dans sa répugnance pour l'état social d'une nation dont il méconnaît le caractère, la grandeur et les vertus, ne cesse de la calomnier ; qui, oubliant qu'elle est le plus ferme appui du catholicisme dans le monde, cherche constamment à jeter l'agitation dans son sein ; affecte, pour justifier son ingratitude, de ne voir dans les actes les plus généreux de la France qu'un devoir imposé par la nécessité, et ne craint pas de faire du Pape lui-même l'enjeu de ses desseins contre elle.

Ce serait une triste histoire à retracer que celle de ce parti, depuis le jour où, après avoir été constitué et organisé par l'Autriche pendant la domination de cette puissance en Italie, il s'est vu contraint à changer de protecteurs. L'Europe n'a retenti que trop souvent de ses malédictions contre le gouvernement qui avait ramené le Pape à Rome. On se rappelle avec quels dédains les plus sages conseils de la France étaient repoussés, les exigences de la faiblesse devant la force, comme la modération de la force devant la faiblesse. Mais c'est surtout à l'époque de la guerre d'Italie qu'éclate le génie de ce parti si funeste au Pape et à l'Église.

Et d'abord, il n'est pas étonnant qu'aveuglés par leur sympathie pour l'Autriche, les hommes de ce parti n'aient jamais voulu comprendre les intérêts sérieux qui nous forcèrent à la guerre, et il faut avouer que, sincères ou non, ils ont trouvé parfois hors de Rome de bien étranges auxiliaires. Cependant, quelles que fussent les causes de la rupture entre l'Autriche et le Piémont, la France était conduite par la plus impérieuse des nécessités à intervenir en Italie. Si, abdiquant son rôle de protectrice des États faibles, elle assistait, l'arme au bras, à la défaite du Piémont; si, dédaignant les conseils de la plus vulgaire prudence, elle laissait s'établir la domination autrichienne sur toute l'Italie, elle sacrifiait à la tranquillité du moment la sécurité de l'avenir, et méritait le châtiment que la destinée réserve à l'imprévoyance des États.

L'Autriche, maîtresse de la Péninsule, régnant en souveraine de Venise à Chambéry, délivrée tout à la fois, par le prestige de la victoire, de ses embarras financiers et de ses divisions intestines en Hongrie, devenait la première puissance du continent. Elle pesait de tout le poids de son triomphe sur les destinées de l'Allemagne et n'avait plus qu'à donner la main aux ressentiments de la Russie, pour que quelque chose d'analogue à la Sainte-Alliance fût reformé contre nous..

Quelle aurait été alors la situation de la France? Rentrée dans les conditions des traités de 1815, entourée d'une ceinture de fer, menacée de toutes parts, elle se serait vue condamnée de nouveau ou à subir le rôle effacé que la prudence lui avait imposé pendant trente ans, ou à en sortir par la plus terrible des explosions. Il n'y avait donc pas à hésiter. Il ne fallait pas attendre qu'une alliance continentale pût se former contre nous, mais en prévenir la possibilité ; et puisque, heureusement, la Providence nous offrait dans la délivrance d'un peuple le moyen pratique d'étouffer toute coalition dans son germe, nous devions assurer l'indépendance de la France par l'indépendance de l'Italie. Voilà la moralité de cette guerre.

Mais pendant qu'un prince généreux, conduit par l'intérêt vital de son pays, allait exposer sa vie et sa fortune dans les plaines de la Lombardie, que faisait le parti qui dominait la cour de Rome ? Au nom du Pape protégé par la France, il condamnait la France ; au nom d'un prince italien, il vouait l'Italie à l'extermination ; au nom du père commun des fidèles il prenait parti dans la querelle de nations également catholiques, et entre deux grands souverains, l'un qui combattait pour asservir un peuple et l'autre pour le délivrer, il bénissait le conquérant et maudissait le libérateur.

Ce parti ne devait pas, du reste, se borner à manifester des sympathies ou des antipathies. Dominé par l'ardeur de ses passions, il devait faire échouer toutes les combinaisons favorables que le cours des événements allait offrir aux intérêts du Saint-Siége.

Vous savez mieux que personne, mon cher Président, qu'à côté de la nécessité de soustraire l'Italie à la domination autrichienne, nous en avions une autre tout aussi absolue, c'était de ne pas remplacer cette domination par la nôtre. Pour nous, le plus grand péril de la guerre contre l'Autriche, ce n'était pas la guerre elle-même, c'était que dans les actes à accomplir pour fonder l'indépendance de l'Italie, nous ne fussions amenés par des raisons, par des circonstances quelconques, à violenter les Italiens. Car, une fois engagés dans l'engrenage fatal de la force, nous étions contraints de proche en proche à décider de tout malgré eux, à les soumettre partout aux gouvernements que nous aurions reconnus, à violer par conséquent nous-mêmes leur indépendance que nous venions de proclamer, en un mot à substituer la domination française à la domination autrichienne.

Que malgré les leçons de l'expérience l'Autriche ait essayé de maintenir cette politique en Italie, rien de plus naturel. Elle possédait deux des plus riches provinces de la Péninsule; elle en tirait beaucoup d'hommes et beaucoup d'argent; et comme elle avait à lutter contre le sentiment public au dedans et au dehors de ces provinces, elle se voyait forcée par l'intérêt de sa propre sécurité à soumettre tout le reste de la Péninsule à sa domination.

Mais nous, sans possessions en Italie, ayant tout à y porter, hommes, chevaux, matériel, argent, ne pouvant retirer de tous ces sacrifices que l'avantage illusoire de protéger de petits gouvernements dont l'amitié équivoque ou tout au moins impuissante ne pouvait compenser l'inconvénient certain d'attirer sur nous la haine d'un peuple et la condamnation de l'Europe, en vérité c'eût été une politique insensée. Voilà pourquoi le premier mot, la première condition de toutes nos conventions, de tous nos traités, à commencer par Villafranca, c'était que la force ne serait pas employée contre l'Italie, car à aucun prix nous ne pouvions faire une telle faute.

Eh bien, cette faute, il n'y a pas de tentatives, pas d'intrigues, pas de manœuvres auxquelles le parti qui domine à Rome n'ait eu recours pour nous amener à la faire; il n'y a pas d'injures, de calomnies ou d'accusations qu'il nous ait épargnées pour ne l'avoir pas faite.

Assurément si le projet de confédération formulé à Villafranca devait soulever des résistances en Italie, ce n'était pas à Rome qu'on devait s'attendre à les rencontrer, car ce projet était tellement favorable au Saint-Siége, qu'il semblait n'avoir été inspiré que par le désir d'assurer la sécurité du Pape. Et cependant la première protestation contre Villafranca vint de Rome, c'est-à-dire de ce parti qui est comme un éternel défi à la raison. A défaut de la force qui, entre les divers moyens de réaliser la convention, était exclue par la convention elle-même, la célérité de l'exécution pouvait seule en assurer le succès ; mais pendant qu'on perdait des jours, des semaines, des mois à discuter des vétilles à Rome et dans les petites cours, le peuple italien, avec une intelligence politique si supérieure à celle de ses princes, marchait à de bien autres destinées, et le traité devenait bientôt une lettre morte.

Mais continuons. Vous vous rappelez que, pendant le cours des opérations militaires, l'Autriche, contrairement à nos engagements communs envers le Pape, avait évacué les légations et fait perdre ainsi une province au Saint-Siége. Eh bien, aux yeux de la cour pontificale, nous qui gardions fidèlement le Pape à Rome pendant que les Autrichiens l'abandonnaient en Romagne pour disposer de toutes leurs forces, nous étions les vrais coupables ! Nous aurions dû nous faire battre à Solferino, car alors il n'y aurait pas eu de convention interdisant l'emploi de la force contre les Italiens, et les légations n'auraient pas été perdues par le Pape. Voilà la logique romaine ! Un événement de force majeure enlève une province au Saint-Père ; cet événement, c'est l'abandon de cette province par l'Autriche, et c'est la France qui en est rendue responsable.

Vous vous rappelez, mon cher Président, la proposition que fit alors la France au Saint-Siége. Si, pour rétablir la paix en Italie, et tout en conservant ses droits sur la Romagne, le Pape consentait à autoriser le roi de Sardaigne à gouverner cette province en son nom, à la charge d'en rendre compte au Saint-Père comme à son souverain, nous

nous engagions à faire garantir par l'Europe ou tout au moins par les puissances catholiques, le reste des États de l'Église. Or, qui croirait aujourd'hui que cette proposition fut repoussée avec indignation par le parti qui domine à Rome? Mais ce n'est pas tout et nous allons voir le couronnement de cette série de fautes.

Au milieu des bruits de guerre et des expéditions aventureuses, l'esprit militaire s'était à son tour emparé de Rome, et le Saint-Siége voulut avoir une armée. Cette armée fut donc organisée rapidement, et un général français appelé par le Pape à l'honneur de la commander. Sans le funeste esprit qui régnait à Rome, cette armée aurait pu rendre les plus grands services. Si, comme nous le proposions, elle eût gardé le Pape pendant que nous aurions occupé les provinces et observé les frontières, la sécurité des États de l'Église eût été assurée. Comme aucune collision n'était possible entre les troupes italiennes et les nôtres, les frontières auraient été certainement respectées. De son côté, Rome eût été maintenue par des troupes exclusivement papales dans des conditions qui auraient suffi, et au delà, à la tranquillité de la ville. Au besoin, les troupes françaises, chargées de la garde des frontières, auraient pu donner la main aux troupes romaines de l'intérieur. La dignité, l'indépendance et la sécurité du Saint-Père étaient donc toutes à la fois garanties.

Mais on avait alors de bien autres visées à Rome. On s'était imaginé avoir trouvé un général capable de renouveler les merveilles de l'histoire. Avec une armée de vingt mille hommes, les stratégistes de Rome se croyaient en état de résister à l'Italie et de reconquérir la Romagne. Ils se flattaient surtout de pouvoir, par d'habiles combinaisons, engager malgré nous l'armée française dans la lutte, et c'est ainsi que fut adopté ce plan singulier qui reléguait nos troupes à Rome et à Civita-Vecchia, pendant que le général

Lamoricière, occupant seul l'Ombrie et les Marches, tiendrait la campagne en face de Cialdini. Mais comme nous ne pouvions à aucun prix compromettre notre situation en Italie et payer les frais d'une partie dont nous n'avions pas les cartes dans les mains, tous ces beaux calculs ne devaient aboutir qu'à faire perdre au Pape une autre portion de ses États.

Ainsi, le parti antifrançais à Rome a tout fait pour perdre le Pape, qu'il croyait sauver. Toutes les fautes qui devaient le mettre en péril, il les a commises, et l'on doit lui attribuer certainement la plus grande part dans les malheurs de la Papauté. Après avoir mis le gouvernement papal vis-à-vis de ses sujets dans l'impossibilité de le maintenir sans une force étrangère, il l'a rendu impopulaire en Italie, et n'a manqué aucune occasion de le compromettre aux yeux de l'Europe.

« Cependant, me disait ces jours derniers un personnage éminent qui les connaît bien, les hommes de ce parti ne doivent pas être jugés trop sévèrement. Quoique, dans le gouvernement de la puissance spirituelle qu'ils exercent au nom du Pape sur l'univers entier, ils entretiennent la plus vaste correspondance, ils ne se doutent pas de ce qui se passe en Europe, et même à Rome. Pour eux la cour pontificale est un couvent où rien du monde réel ne pénètre. Ils vivent d'illusions sur la vie présente, comme les moines de méditations sur la vie future. » Et, en effet, il est impossible de ne pas être frappé du manque de sens pratique que révèle toute discussion d'affaires avec eux. Quels que soient, d'ailleurs, leur esprit, le charme de leur conversation et les qualités qui distinguent plusieurs d'entre eux, on sent que la passion, l'ignorance et les préjugés ont mis comme un voile entre eux et le monde réel. On comprend que ce grand nom de Providence qu'ils invoquent à tout propos et à qui ils délèguent la solution de toutes les difficultés, n'a pas d'autre signification dans leur esprit que la fatalité des Turcs. Leur croyance en la Providence, ce n'est pas cette foi sublime qui exalte les forces de l'âme au-dessus des conditions ordinaires de l'humanité, mais cette croyance commode et paresseuse qui dispense de sagesse, de résolution, de prévoyance et de toutes les vertus qu'exige le gouvernement des peuples.

Maintenant, mon cher Président, que vous connaissez le parti qui règne souverainement à Rome, vous pouvez vous faire une idée des éventualités que la convention du 15 septembre prépare et des difficultés qu'elle doit rencontrer dans son exécution. Elles me paraissent mériter l'attention sérieuse du Gouvernement français. Ce n'est pas, comme je vais essayer de vous le démontrer, que la nature même des choses soit un obstacle à la solution de la question romaine. S'il y avait à Rome un des gouvernements quelconques de l'Europe, c'est-à-dire la plus vulgaire connaissance des choses humaines, la plus simple entente des affaires publiques, je suis convaincu qu'il n'y aurait rien de plus facile que de maintenir le Pape à Rome, d'amener l'Italie à respecter le pouvoir temporel dans ses limites actuelles, de rallier la population romaine à son gouvernement, enfin d'assurer la grandeur, la sécurité et l'indépendance du Saint-Siége.

Et d'abord en ce qui concerne l'Italie, je ne suis pas de ceux qui voient ou affectent de voir un danger pour nous dans l'existence d'un État de vingt-quatre millions d'âmes au delà des Alpes. Quoique nous ayons été étrangers aux actes qui ont amené au profit de l'autonomie italienne la dépossession des princes, quoique l'unité ait été accomplie par les Italiens dans l'exercice de leur indépendance, sans notre concours et même malgré nos avis, je considère la formation du royaume d'Italie comme l'événement européen le plus heureux pour la France qui se soit produit depuis longtemps. Ce n'est pas, je me hâte de le dire, que nous devions compter sur la reconnaissance de l'Italie, contrairement aux leçons d'histoire qu'on nous a exposées. Pour moi, je vais plus loin que nos professeurs. Je soutiens que non-seulement les peuples, en général, ne peuvent être engagés par la reconnaissance, mais que l'Italie, en particulier, ne nous en doit aucune. Car si nous l'avons aidée à conquérir son indépendance, et quelque satisfaction d'ailleurs que nous ayons éprouvée de son affranchissement, c'est avant tout l'intérêt de la France que nous avons consulté. Or, il se trouve que les intérêts des deux peuples sont communs, que par le seul fait de son existence comme nation, l'Italie annule l'Autriche en tant que puissance agressive, et que sans l'Autriche aucune alliance continentale n'est dangereuse pour nous; que quant à l'Italie, comme elle est placée entre deux grands États dont l'un menace de l'asservir, tandis que l'autre est aussi intéressé qu'elle-même à son indépendance, il n'est pas nécessaire de faire intervenir des sentiments d'affection d'ailleurs si naturels après de tels événements, pour savoir de quel côté est l'alliance des deux peuples. Avant la guerre, l'Italie divisée était ou allait être entièrement entre les mains de l'Autriche. Ses vingt à vingt-quatre millions d'habitants formaient l'avant-garde, et ses richesses les principales ressources de toute alliance continentale contre la France; or, ces millions d'hommes et ces ressources, nous les avons enlevés à toute tentative de coalition contre nous pour les tourner d'avance contre elle. Voilà le résultat, voilà le gain de la guerre d'Italie, et ce qu'aucune critique de la jalousie, de la rancune ou de la haine ne pourra enlever à la gloire du vainqueur de Solferino.

Je me demande maintenant si l'intérêt de l'Italie, qui est le nôtre, rend nécessaire ou avantageux de faire de Rome sa capitale, et je n'hésite pas à repondre non.

Au moment de la formation du nouveau royaume d'Italie, et sous l'impression des rivalités qui existaient jadis entre les grandes villes de la Péninsule, les partisans de l'unité s'effrayaient des dangers que ces rivalités faisaient courir à l'Italie, et se persuadaient que, par la grandeur de son prestige, Rome seule pouvait les conjurer. L'expérience des dernières années a démontré que ces craintes étaient chimériques. On peut même dire que depuis longtemps ces rivalités s'étaient anéanties dans l'immense aspiration des esprits vers la patrie italienne. Ce que tout un peuple voulait, c'était de former un État, et le choix de sa capitale n'était qu'un objet secondaire de ses préoccupations. Les partis extrêmes, qui vivent de trouble et de confusion, avaient trouvé dans le projet de transporter la capitale à Rome un de ces expédients fertiles en agitations, et ils n'avaient pas manqué de s'en emparer ; mais le bon sens du peuple italien, guidé par un intérêt supérieur à tous les calculs des partis, a bien vite compris la difficulté de Rome ; et voilà pourquoi, à l'étonnement de l'Europe, le gouvernement de Victor-Emmanuel, en proposant Florence pour capitale, n'a rencontré aucun obstacle sérieux.

C'est qu'en effet si le projet de Rome pour capitale est de nature à séduire les imaginations, il ne satisfait pas également aux exigences de la raison et aux intérêts de la politique. Et d'abord qu'y a-t-il de commun entre l'Italie moderne et la Rome des consuls, des empereurs et des Papes ? Qui oserait, de nos jours, sans avoir conquis l'univers, relever la formule célèbre *Senatus populusque romanus*, fouler les dalles de la voie Sacrée et monter au Capitole ? Et si ces grandes choses ne peuvent se répéter, pourquoi Rome ? La Rome antique écraserait l'Italie de tout le poids de l'histoire. Cette prétention de l'Italie moderne en face de la Rome païenne serait puérile, comme en face de la Rome catholique elle pourrait être odieuse. Au milieu de cette innombrable quantité d'églises, de monuments religieux de tout genre et de toute magnificence, que ferait l'Italie ?

Se ferait-elle dévote ou impie? Non; entre ces deux villes, la Rome païenne et la Rome catholique, qui se coudoient, se pressent et s'enchevêtrent, il n'y a pas la place d'une capitale politique, et mon étonnement, aujourd'hui que j'ai vu Rome de mes yeux, c'est que cette question ait pu être sérieusement posée.

Une considération d'ordre supérieur domine, d'ailleurs, toute la question : c'est que Rome, aussi bien la Rome païenne que la Rome chrétienne, n'appartient pas à l'Italie, mais à l'univers. Quel est donc le peuple, en effet, qui peut se dire l'héritier exclusif de la Rome antique? Rome, en se répandant dans le monde pour le conquérir, a mêlé son sang aux barbares, comme les barbares se sont mêlés aux Romains en envahissant l'Italie. Nous, Gaulois transalpins, Ibères, Bretons, Germains, nous sommes donc aussi bien les enfants de Rome que les Gaulois cisalpins, les Étrusques et les Latins. Comme eux et autant qu'eux nous sentons dans nos veines des gouttes de ce sang généreux, le plus glorieux sang de l'histoire; et comme eux, héritiers de Rome, nous ne pouvons reconnaître de droit d'aînesse à personne. Il est donc juste que le berceau de notre civilisation n'appartienne à aucun peuple, mais qu'il soit le bien indivis de tous les peuples européens, le terrain neutre où tous, en venant honorer les tombes de leurs ancêtres communs, puissent se donner la main. Pour ce qui est de la Rome catholique, notre droit est encore plus saisissant. La capitale du monde chrétien, le siége du gouvernement spirituel de tous les catholiques de l'univers ne saurait appartenir exclusivement à un État particulier. Constituée, organisée, enrichie depuis des siècles par la piété des fidèles du monde entier, Rome doit rester le bien, le centre, l'apanage commun de toutes les puissances catholiques.

Du reste, le peuple italien, dont le sens politique a su si admirablement profiter des circonstances pour constituer son autonomie, ce peuple intelligent, qui a déjà si habilement opéré la fusion de ses divers éléments qu'on les croirait réunis depuis des siècles, comprend la question aussi bien que nous. Il sait que la satisfaction de dater de Rome les actes du nouveau royaume ne compenserait pas le danger d'exciter le mécontentement de grandes puissances et le ressentiment de tous les catholiques de l'univers; et s'il s'étonne de quelque chose dans notre opposition au projet de Rome pour capitale, c'est peut-être de ce que cette opposition n'ait pas été plus formelle et plus absolue.

Voulez-vous, du reste, une preuve de ce sentiment? Elle est dans ce qui se passait à Turin, au siége même du gouvernement italien, avant la convention du 15 septembre. Pendant qu'on y agitait à grands cris la question romaine, convaincus qu'on n'irait pas à Rome, et ne soupçonnant pas qu'on pourrait aller ailleurs, les Turinois s'engageaient résolûment dans les plus grandes spéculations de terrains et de constructions; c'est-à-dire qu'ils étaient en train de bâtir chez eux la nouvelle capitale, et dans les plus vastes proportions, au moment même où ils paraissaient réclamer Rome avec le plus d'insistance; de là, la violente émotion que la convention causa à Turin.

Quant à la Révolution italienne en elle-même, nous nous en faisons généralement, en France, une très-fausse idée. En nous rappelant les longs bouleversements de notre pays, nous ne pouvons nous persuader que des trônes aient été renversés et emportés par l'orage sans laisser sous leurs débris des germes de nouvelles convulsions. Nous ne comprenons rien au calme étonnant et sans exemple dans notre histoire, qui a succédé aux révolutions de Florence et de Naples. Trompés par nos souvenirs, nous ne serions pas éloignés de croire que ce calme n'est que le précurseur de la tempête, comme l'absence de fumée au Vésuve annonce, dit-on, une éruption prochaine. Mais c'est une erreur étrange que de comparer la Révolution italienne à la nôtre. Il ne s'agit plus ici, comme chez nous en 1789, de la lutte des classes moyennes contre la noblesse, puis des classes populaires contre la bourgeoisie, chacune de ces classes tour à tour vaincue ou triomphante au gré des événements et des réactions de l'esprit public. Ici rien de pareil à ces révolutions sociales, dont les convulsions naissent des convulsions, et qui mettent si souvent la société en péril. La Révolution italienne est purement nationale. Son seul objet est de constituer un peuple, de former une nation, un État en Europe. Du reste, aucune division, aucune rivalité entre les classes; nobles, bourgeois, artisans, laboureurs, tous n'ont qu'une même pensée, tous, sans distinction de position sociale, ne veulent qu'une chose, l'Italie. Il y a sans doute, comme dans toute agrégation d'hommes, des opinions différentes sur les voies et moyens; mais aucune de ces opinions ne cherche et ne trouve des partisans plutôt dans une classe que dans une autre. Le corps social est, en un mot, aussi uni, aussi compacte, aussi sain, après qu'avant l'événement. Voilà pourquoi l'ordre et la tranquillité ont repris leur empire aussitôt que l'acte suprême a été accompli. Voilà pourquoi, également, l'Italie peut supporter sans trouble, sans agitation, sans difficultés sérieuses, des libertés que l'état de perturbation sociale où nous avons été si longtemps, avait malheureusement rendues dangereuses pour nous.

Ce qui avait contribué aussi à nous tromper sur l'état de l'Italie, c'est qu'à force de bruit, de tapage et de manœuvres de presse, les démagogues s'étaient donné l'apparence d'être à la tête de la Révolution italienne et l'avaient ainsi compromise aux yeux de l'Europe. Trouvant dans les masses de la population une sympathie profonde pour la cause de l'indépendance italienne, ils avaient cherché à exploiter le sentiment national en s'emparant d'un drapeau qu'avaient arboré, avant eux, les plus illustres familles de la Péninsule. Mais depuis que ce parti sans racines véritables dans le pays a été écarté par le bon sens public, depuis qu'à la voix d'un prince héroïque les éléments conservateurs ont pris résolûment la direction de la Révolution et l'ont fait triompher, il n'est plus permis de s'abuser sur l'état de l'Italie.

La vérité, c'est qu'à part certaines régions montagneuses où l'absence de routes et de moyens de communication a maintenu l'ignorance de la barbarie, où, depuis des siècles, la population vit à l'état de brigandage; c'est qu'à l'exception de ce fléau, triste produit de l'incurie des régimes précédents, mais qui par les soins d'un gouvernement national tend chaque jour à disparaître avec les causes qui l'entretenaient, on peut dire hardiment qu'il n'y a pas de pays au monde où la population soit plus paisible, plus satisfaite et plus tranquille. Depuis la création du royaume d'Italie, une activité inouïe s'est emparée de la nation. A Naples, par exemple, la population s'est accrue de cinquante mille âmes; le prix des salaires a doublé, la consommation de la viande a triplé, et les lazzaroni ont totalement disparu. Telle est la situation des esprits dans cette ville de cinq cent mille âmes, que là où la liberté la plus absolue en toutes choses a remplacé le régime de la compression, une garnison de moins de quatre mille hommes suffit à assurer l'ordre public.

En résumé, je crois que l'Italie n'a à redouter ni rivalités entre les provinces, ni divisions entre les classes, ni violences entre les partis; qu'elle n'est, par conséquent, menacée à l'intérieur d'aucune des convulsions qu'on prophétise, et que son unité, au contraire, est solidement constituée. Que si l'on parle de ses difficultés financières, je répondrai qu'en parcourant ce pays si riche, si fertile et si bien cultivé, qu'en voyant cette population si paisible et si laborieuse, je me suis senti complétement rassuré sur les ressources du nouveau royaume. Quand le gouvernement italien aura achevé de régulariser l'impôt, et surtout l'aura mis en rapport avec le développement de la richesse générale, ce qui lui offre une grande marge, il n'est pas douteux qu'il ne réussisse à mettre les finances de l'État en harmonie avec la richesse du pays. Je crois donc que non-seulement les ressources du budget italien suffiront aux dépenses publiques, mais permettront sans peine, lorsque le moment sera venu, toutes les combinaisons que la diplomatie européenne pourra proposer pour la solution pacifique de la Vénétie. En un mot, le nouvel État, le produit glorieux de Solferino, l'enfant dont nous sommes les parrains, est non-seulement né viable, il est plein de force et d'avenir.

Aussi, mon cher Président, et pour revenir à la question romaine, quel que soit, d'ailleurs, en Italie, le langage de certains journaux et de certains orateurs, ne craignez à cet égard aucune difficulté sérieuse de la part des Italiens. Dans le bonheur inouï qu'ils éprouvent à former un peuple, dans cette joie immense qui déborde ici de toutes les âmes devant la réalisation inespérée de ce rêve de cinq siècles, ils sont disposés à sacrifier toutes les choses accessoires à la chose principale. Comme ils comprennent surtout admirablement que leur destinée est liée à la nôtre, que toute cause d'affaiblissement pour nous serait une menace pour eux, que sans notre appui pendant longtemps encore leur nationalité pourrait être compromise, ils se résigneront à tout plutôt que de nous causer aucun embarras. Tel est leur sentiment sur la solidarité absolue des intérêts qui nous lient, que si demain l'Empereur et la France étaient menacés, vous les verriez se lever en masse pour se ranger à nos côtés. Ne craignez donc rien pour Rome de la part des Italiens. Ils respecteront la convention aussi bien dans son esprit que dans sa lettre. Quoi qu'on puisse penser de leur bonne foi sur cette question, je suis certain qu'ils ont déjà renoncé à Rome, à la seule réserve d'une espérance que, du reste, ils ne cachent pas. Cette espérance, c'est que l'incapacité du gouvernement pontifical pour administrer Rome et les États du Saint-Siége sera telle, qu'après des efforts infructueu nous finirons nous-mêmes par abandonner cette œuvre impossible. En cela je crois qu'ils se trompent, et que quelque difficile que soit le problème à résoudre, nous en viendrons à bout.

Je commence par reconnaître qu'au temps où nous vivons, l'exercice de la souveraineté politique entre les mains d'un prêtre est très-difficile, sinon impossible, tandis qu'à l'époque où ce genre de souveraineté fut établi, il était naturel et fonctionnait aisément. Sous le régime féodal, en effet, toute souveraineté ecclésiastique ou laïque n'était en réalité qu'une suzeraineté. La société européenne était alors formée de deux éléments distincts, les communes et les fiefs. Les communes s'administraient, s'imposaient et se régissaient elles-mêmes en toutes choses, à la condition de rendre foi et hommage au suzerain, de lui payer la dîme et de pourvoir, par des impositions plus ou moins volontaires, aux nécessités imprévues de l'État. Les fiefs, de leur côté, étaient administrés civilement, militairement et judiciairement par les seigneurs, qui étaient dispensés de concourir aux charges pécuniaires, mais à la condition de fournir gratuitement au suzerain le service militaire sous la forme du ban et de l'arrière-ban. De sorte que la force civile des États étant représentée par l'argent des communes, et la force militaire par les contingents des fiefs, le prince suzerain, quelle que fût sa qualité ecclésiastique ou laïque, pouvait être tout à la fois et très-riche et très-puissant, sans avoir à se mêler de l'administration de son État. Grâce à ce mécanisme si simple du régime féodal, les fonctions du sacerdoce s'alliaient sans peine aux obligations de la puissance publique. Et en effet, il y avait alors sur la surface de l'Europe un grand nombre de souverainetés ecclésiastiques, des archevêchés, des évêchés, et même des abbayes souveraines où ce genre de gouvernement fonctionnait sans difficultés sérieuses.

Mais, quand le régime féodal, disparaissant peu à peu par l'introduction dans les divers États de l'Europe du système des armées permanentes, eut fait place aux gouvernements monarchiques proprement dits; quand les princes, prenant peu à peu le caractère de la souveraineté à la place de la simple suzeraineté, furent obligés de connaître de tous les détails de l'administration politique, civile, militaire, judiciaire, financière, des communes et des fiefs fondus peu à peu dans l'État; alors l'esprit public commença à être frappé de l'incompatibilité entre le sacerdoce et les fonctions du gouvernement. Ce qui s'était trouvé caché jusque-là dans l'ensemble des faits, se révélait peu à peu par le détail. Les peuples étaient frappés de voir des prêtres d'une religion dont le royaume n'est pas de ce monde, mêlés à tous les intérêts, à toutes les passions de ce monde, les gouvernant, les dirigeant; et ce spectacle choquant chaque jour davantage les esprits, il arriva que de proche en proche, sous l'empire de l'opinion, toutes les souverainetés ecclésiastiques disparurent de l'Europe. Seul, par le prestige supérieur de sa situation, le Pape survécut quelque temps à la déchéance universelle des souverainetés ecclésiastiques; mais bientôt il sentit à son tour s'ébranler sous ses pieds le terrain jadis si solide de ses prédécesseurs. On vit avec étonnement le souverain pontife obligé de recourir à des forces étrangères pour tenir ses sujets sous l'obéissance. Pour obtenir une sécurité artificielle, le chef des Guelfes était réduit à se faire Gibelin. Celui qui avait été si longtemps le protecteur de l'Italie contre les Césars germaniques, livrait l'Italie à ses ennemis et la condamnait à l'asservissement.

Or, il était évident que du jour où l'Autriche cesserait de dominer l'Italie, les causes inhérentes à la civilisation moderne rendraient impossible le pouvoir temporel du Pape dans ses États. Je suis bien convaincu, en effet, que s'il s'agissait de maintenir aujourd'hui sous l'obéissance du Pape les États de l'Église dans les limites qu'ils avaient avant la guerre, le problème serait insoluble.

Sous ce rapport, on peut considérer comme vraiment providentiels les événements qui, en enlevant au Saint-Siége ses provinces orientales, ont rendu possible tout à la fois le maintien du pouvoir temporel à Rome et l'unité de l'Italie. Pour l'Italie, il est clair que sans la Romagne, les Marches et l'Ombrie, le royaume d'Italie était impossible. Quant au Saint-Père, en réservant toutefois la question financière, la privation de ces provinces n'est pour lui qu'une perte illusoire. Ce n'est pas l'étendue de ses États qui fait son importance dans le monde. S'il conserve parmi les rois de l'Europe le caractère auguste de la souveraineté, s'il reste en possession de son pouvoir temporel à Rome, indépendant, maître chez lui, et doté de ressources suffisantes à l'éclat du trône pontifical, le chef spirituel de tous les catholiques de l'univers reste assurément aussi grand, aussi puissant, aussi respectable aux yeux des peuples qu'avant la perte des trois provinces; et l'on peut même dire que sa puissance grandit de toutes les difficultés politiques dont cette perte le débarrasse.

Faut-il, d'ailleurs, tant s'indigner, l'histoire à la main, des événements qui ont fait perdre ces provinces au Saint-Siége? A-t-on oublié de quelle manière elles y avaient été réunies; par quelle série de crimes et de perfidies César Borgia s'empara de la Romagne; comment Jules II la confisqua sur Borgia au profit de l'Église; comment Léon X surprit Ancône, et Jules II Pérouse ? Évidemment les populations italiennes conspiraient au seizième siècle en faveur du Saint-Siége puisqu'il suffisait que les princes disparussent pour que les peuples fussent réunis aux États de l'Église. Il ne faut donc voir dans ces événements que des mouvements d'opinion, les populations italiennes tantôt se prêtant, tantôt se refusant à la domination du Saint-Siége. La seule différence est dans le caractère des événements, et il faut reconnaître qu'elle est tout à l'avantage du temps présent, car aucun crime n'a souillé la Révolution italienne.

Quoi qu'il en soit, il s'agit aujourd'hui de maintenir le pouvoir temporel du Pape dans le domaine de Saint-Pierre. L'œuvre est sans doute difficile, mais, grâce à l'exiguïté du territoire qui lui reste, je crois possible de concilier des intérêts en apparence inconciliables. Et d'abord, avant de songer à résoudre le problème, il ne faut pas s'abuser sur la situation de Rome. Elle est telle que, si demain nos troupes évacuaient les États de l'Église, la révolution s'y ferait le jour même. Toute la population réunie, noblesse, bourgeoisie, peuple, se lèverait comme un seul homme pour mettre fin au gouvernement pontifical. Dans cette révolution, depuis longtemps décidée dans les esprits et arrêtée d'avance dans ses détails principaux, on ne verrait ni émeutes, ni troubles, ni désordres, car il n'y aurait aucune résistance. Et cependant, chose remarquable, toute cette population aime, honore, vénère le Saint-Père. Elle est religieuse et fière des grandeurs catholiques dont Rome est le centre; elle s'intéresse passionnément aux cérémonies de Saint-Pierre et ne renoncerait qu'avec peine aux splendeurs de la Papauté.

Comment expliquer une pareille contradiction? Rien de plus simple. Ce n'est pas seulement parce que l'esprit du gouvernement sacerdotal est contraire aux intérêts de la civilisation moderne, parce que l'intervention du prêtre, au nom de la religion, dans toutes les choses de la vie civile blesse la liberté et la dignité du citoyen, et que des pratiques de police inouïes ont fini par rendre intolérable le gouvernement sacerdotal à Rome. Une autre cause tout aussi puissante s'ajoute à la première pour en exalter les effets; c'est que Rome participe comme toute l'Italie à ce mouvement prodigieux qui entraîne tout un peuple vers de nouvelles destinées ; qu'elle vit de la vie de l'Italie ; que tout ce qui arrive d'heureux ou de malheureux à l'unité italienne retentit ici dans tous les cœurs comme à Turin, à Bologne, à Florence et à Naples ; et que, pendant qu'à chaque nouveau succès de la cause italienne le gouvernement du Pape s'afflige et s'inquiète, la population de Rome, tout entière, se félicite et applaudit. Assurément jamais on ne vit divorce plus complet entre un peuple et son gouvernement.

Malgré tout, la réconciliation peut encore se faire. Que dis-je, elle doit se faire, elle se fera d'une manière ou d'une autre, et voici comment je la comprends.

Et d'abord, Rome doit être prévenue d'une manière claire et catégorique que des intérêts d'un ordre supérieur ne permettent pas à l'Europe catholique de consentir à sa réunion avec l'Italie. La population romaine, qui est du reste très-douce de mœurs et remarquablement intelligente, n'en sera pas étonnée; elle en a déjà le sentiment. Mais comme elle est italienne dans l'âme, en même temps qu'elle a les griefs les plus sérieux contre son gouvernement, il faut nécessairement que, d'une part, la cause de ses griefs disparaisse, et que, de l'autre, elle soit rattachée à l'Italie par un lien capable de satisfaire aux intérêts comme aux affections de cette population. Or l'idée qui m'a paru pouvoir être acceptée avec le plus de faveur à Rome, c'est que les sujets du Pape soient considérés comme Italiens ; que, tout en conservant leur qualité de citoyens romains, ils puissent servir en Italie, entrer dans toutes les carrières civiles et militaires, circuler librement et sans entraves de douanes et de police, comme de véritables Italiens ; enfin que Rome, sous le gouvernement pontifical, soit comme un terrain neutre, un asile sacré au milieu de la patrie commune, où les deux sentiments, la vénération pour le Saint-Père et l'amour pour l'Italie se confondent dans une aspiration commune.

A ce prix, et si mes impressions ne me trompent pas étrangement, les Romains accepteront sans regret la décision de l'Europe catholique. Comme, d'une part, les États actuels de l'Église jouissent d'institutions municipales très-libérales, qu'il suffit d'en laisser le libre exercice aux habitants qui y sont depuis longtemps accoutumés pour décharger le Saint-Père d'une foule de difficultés locales; que, d'autre part, la population romaine, où dominent des éléments conservateurs considérables, des classes riches, des familles illustres et libérales, est très-paisible, très-amie de l'ordre, il n'est pas nécessaire d'avoir une nombreuse armée pour comprimer les éléments de désordre qui pourraient se glisser dans cette population. Aujourd'hui, l'armée pontificale, quoique composée de huit mille hommes de bonnes troupes, et parfaitement organisées, ne saurait maintenir la tranquillité sans le concours de la division française, parce que, dans l'état actuel, il s'agit de contenir la population toute entière, c'est-à-dire aussi bien les éléments conservateurs que les autres. Mais quand elle n'aura plus à comprimer que les hommes de désordre, et avec l'appui, au contraire, de tous les partisans de l'ordre qui forment l'immense majorité de la population, son effectif sera bien près d'être suffisant. En l'augmentant de quelques milliers d'hommes choisis, elle se trouvera à la hauteur de toutes les exigences. J'ai donc l'intime conviction que, le jour où l'on aura donné à Rome la satisfaction qu'elle réclame, l'on pourra y maintenir l'ordre et la tranquillité aussi facilement qu'à Naples. Que le gouvernement pontifical se réconcilie avec l'Italie, et le trône de saint Pierre sera aussi solidement assis qu'aucun trône de l'univers.

Assurément ces idées sont bien simples, et il ne faut pas une grande intelligence politique pour les comprendre. Je les ai exposées au cardinal Antonelli, qui est certainement un esprit remarquable, et à d'autres personnages éminents de l'Église, et il ne m'a pas paru qu'elles aient rencontré, en principe, une opposition sérieuse de leur part. Mais il ne faut juger de la cour pontificale par rien de ce qui se dit dans les conversations, parce que ceux qui peuvent et osent parler sont eux-mêmes sous la domination du parti qui domine à Rome, et que ce parti ne comprend rien, n'entend rien, ne veut rien que ce qui flatte ses passions. C'est qu'il ne s'agit pas pour les hommes de ce parti de la sécurité du Pape, mais du rêve de domination universelle qui emporte ces esprits obstinés vers l'abîme. Comme ces malades désespérés qui, jusqu'au moment fatal, font les plus beaux projets d'avenir, c'est quand tout craque et tout croule autour d'eux qu'ils caressent les plus grandes chimères. Si j'avais pu me faire illusion sur leurs dispositions véritables, j'en aurais été bien vite averti par leur affectation en me parlant de l'Empereur. « C'est en lui, me disaient-ils tous, c'est en lui seul que nous mettons notre confiance. Il nous a protégés jusqu'ici, il saura bien trouver les moyens de nous sauver. » C'est-à-dire, en bon français, nous ne ferons rien, et c'est la France qui sera responsable de tout. Ainsi, ne se prêter à aucune transaction, ne rien faire, dans l'espérance qu'effrayés nous-mêmes des conséquences de leur aveuglement nous renoncerons à exécuter la convention, ou que, le dénoûment fatal arrivant, le Pape paraîtra à l'univers entier non plus la victime de leur obstination, mais la victime des intrigues de l'Italie, et nous les complices de ces intrigues : voilà la pensée intime de ce parti.

Pour moi, mon cher Président, je ne leur ai pas caché la vérité. Je la leur ai fait connaître dans toute sa crudité. « Je crains bien pour vous, » leur ai-je dit, « que vous ne vous fassiez d'étranges illusions. Vous pensez probablement qu'en ne vous occupant de rien, ne préparant rien et ne consentant à rien, vous nous mettrez dans de graves embarras; qu'effrayés de la perspective du départ du Pape, nous finirons par renoncer à l'exécution de la convention; peut-être même vous imaginez-vous, comme plusieurs d'entre vous ne craignent pas de le dire tout haut, que le trouble causé par le départ du Pape ébranlera en France les pouvoirs publics. Détrompez-vous. Jamais plus vaine illusion n'a traversé la cervelle des hommes. Si vous voulez faire la folie de faire partir le Pape, faites-la. Vous serez bien coupables de mettre ce vénérable pontife dans l'obligation de recommencer, à son âge, un nouvel exil; mais comme vous aurez prouvé par là que vous ne voulez, ne savez ou ne pouvez rien faire par vous-mêmes, on se passera de vous pour arranger à Rome les affaires de la Papauté, et ce sera peut-être le meilleur moyen de résoudre le problème. Et, en effet, une fois que vous serez partis, voici, suivant moi, comment les choses se passeront inévitablement. Rien ne sera plus facile que d'organiser Rome suivant l'ordre d'idées qui doit concilier l'intérêt du Saint-Siége avec les sentiments italiens de la population. D'accord avec les puissances catholiques et avec l'Italie elle-même, nous établirons à Rome un gouvernement provisoire pour administrer les États de l'Église au nom du Pape et y faire en son absence les réformes et les arrangements nécessaires. Sous ce gouvernement, qui réunira toutes les sympathies de Rome et de l'Italie, l'ordre ne sera pas un instant troublé. Comme à Naples et à Florence, l'esprit conservateur de la population dominera sans peine les éléments de désordre. Que nos troupes soient encore ou ne soient plus à Rome, nous saurons prendre, au besoin, les dispositions nécessaires pour y assurer la tranquillité, et la Ville éternelle attendra paisiblement le jour où il plaira au Saint-Père de venir reprendre au siége de la Papauté le trône de ses prédécesseurs débarrassé de toutes les causes qui en compromettaient la sécurité.

« Quant à la France, elle assistera avec la plus grande tranquillité et au départ du Pape et à ses suites. Les efforts que vous ferez pour agiter le clergé français et, par le clergé, le pays, seront aussi vains que ceux que vous avez tentés aux dernières élections. Vous aviez cependant alors un excellent prétexte de défiance à fournir au clergé : c'était la présence au ministère de l'Intérieur, pour diriger les élections, de l'homme même qui venait de frapper la société de Saint-Vincent de Paul. Vous vous faisiez les plus grandes illusions. En secondant de Rome les divers éléments d'opposition fournis par les anciens partis, vous ne doutiez pas du succès. Mais si vous aviez mieux connu la France, vous auriez su que partout où le clergé, oubliant ses devoirs, se mêle aux luttes politiques, il produit sur l'opinion l'effet contraire à ses intentions ; que là où le prêtre sort de son rôle de paix et de charité, il ne fait qu'irriter les esprits contre lui. Vous vous rappelez le résultat ; il fut si contraire à vos espérances, et l'impuissance de la partie du clergé qui s'était mêlée aux élections fut si complète, que le gouvernement jugea prudent de ne pas en livrer les détails à la publicité. C'eût été cependant vous rendre un grand service que de vous éclairer sur l'état de la France et sur le degré d'influence du clergé en matières politiques ; mais il n'aurait pas été juste de blesser la dignité d'un corps si respectable, en le rendant responsable des fautes que vous lui aviez fait commettre.

« Pensez-y sérieusement. A force de vouloir dominer le clergé français et d'opposer ses devoirs envers l'Église à ses devoirs envers l'État, à force de peser sur les évêques pour qu'ils pèsent à leur tour sur les curés, prenez garde de tendre tellement la corde qu'elle ne finisse par se rompre.

Déjà les hommes les plus éminents du clergé français vous ont fait entendre de graves avertissements. Mais si vous faites la faute de pousser les choses aux dernières extrémités; si, au lieu de vous entendre avec l'Italie, vous forcez le Pape à un nouvel exil, soyez certains que le clergé français ne vous suivra pas dans cette aventure, et que le jour où vous quitterez Rome sera le dernier de l'ultramontanisme en France. »

Vous voyez, mon cher Président, que je n'ai pas dissimulé mes impressions à Rome. En offrant mes hommages au Pape, en contemplant les traits vénérables du saint pontife dont il est impossible d'approcher sans éprouver les plus tendres et les plus respectueuses sympathies, je me suis senti ému des périls dont il est entouré. Plus il me paraissait facile d'assurer sa sécurité, plus je déplorais l'aveuglement de ceux qui peuvent la compromettre; et voilà pourquoi j'ai essayé de faire pénétrer la vérité dans ses conseils. Ce n'est pas que je me sois flatté de convaincre ces esprits prévenus et obstinés, car je sais qu'on ne triomphe pas des préjugés par des raisonnements. Mais si mes paroles ont dû glisser sur leur esprit sans y laisser de traces, je sais, mon cher Président, qu'en livrant, ces paroles à la publicité, elles auront leurs conséquences inévitables. Une fois démasquées, toutes les intrigues qui, dans le but de nuire à la France, devaient compromettre le Pape, vont cesser d'avoir leur effet. Une fois posée devant l'opinion, la question se résoudra d'elle-même. Qu'importe ce qu'on fasse à Rome, que le Pape parte ou reste, la solution est infaillible. La Papauté sera maintenue à Rome dans sa dignité, dans son indépendance et dans son pouvoir temporel : elle sera enfin réconciliée avec l'Italie, et le grand problème sera résolu.

Mais en attendant ce résultat, que va faire, à la lecture de cette lettre, le parti antifrançais à Rome? Naturellement il commencera par s'irriter de ma franchise; puis il se dira que je ne représente après tout qu'une opinion individuelle, et il aura raison. Il se rattachera ensuite, comme d'habitude, à des bribes d'espérance. Il pensera que pour un homme d'État qui a de la résolution il y en a beaucoup qui n'en ont pas; qu'avant de se décider à l'exécution de la convention, le gouvernement français se laissera peut-être circonvenir. Mais à mesure qu'on approchera de l'événement, il faudra bien voir la situation telle qu'elle est. Or soyez certain, mon cher Président, que quand on saura à Rome à quel point les hommes dévoués à l'Empire s'inquiètent peu des éventualités qu'on croit ici si dangereuses pour l'Empire, la question sera aux trois quarts résolue; et voici ce qui achèvera le reste.

Si le Pape se croyait obligé de quitter Rome, ce serait pour ce vénérable vieillard une bien cruelle épreuve; mais enfin il ne manquerait ni de palais, ni de serviteurs, ni de ressources en aucun genre. Toutes les puissances catholiques se mettraient à sa disposition. Mais les cardinaux, ces hommes éminents, eux aussi, presque tous âgés, leur offrirait-on des asiles convenables? Probablement; mais leur déplacement n'en serait pas moins douloureux. Et puis tout ce vaste personnel de plusieurs milliers de fonctionnaires, ecclésiastiques ou laïques, cette foule d'évêques, de diacres, sous-diacres, monsignori, auditeurs de rote, etc., que deviendraient-ils? où iraient-ils? Quel trouble, quel embarras dans cette immense pérégrination! Et pourquoi toute cette mise en scène? Pour faire croire au monde que le Pape est persécuté par la France, et pour arriver en définitive au même résultat, au Pape souverain à Rome! Non, nous n'assisterons pas, je l'espère, à cette grande perturbation. Selon toutes les probabilités, après qu'on aura essayé de tous les moyens pour chercher à éviter l'inévitable exécution de la convention, on deviendra tout à coup raisonnable, et nous apprendrons un beau matin que la cour de Rome s'est entendue avec l'Italie.

Vous vous rappelez, mon cher Président, les passions que la question romaine, à son début, souleva dans les grands corps de l'État. Deux partis ardents se trouvaient en présence. L'un ne voyait en Italie qu'une question politique, l'autre, qu'une question religieuse ; le premier s'intéressait à l'Italie sans s'inquiéter de Rome, le second s'inquiétait de Rome sans penser à l'Italie ; celui-ci poussait l'Italie au démembrement, et celui-là la lançait sur Rome. Seul, l'Empereur, dominant le débat de sa haute raison, comprit qu'il y avait là deux questions à concilier et non à opposer l'une à l'autre, et en prononçant cette grande parole qu'il ne sacrifierait ni l'Italie au Pape, ni le Pape à l'Italie, il dénoua le nœud gordien qu'on ne pouvait trancher sans blesser des intérêts de premier ordre.

Eh bien ! nous sommes à la veille de voir la réalisation de cette grande parole. Bientôt, à côté de l'Italie unie, libre et indépendante, la Papauté réconciliée avec le nouveau royaume, montrera ce spectacle si désiré du Pape maintenu dans son indépendance, dans sa dignité, dans sa souveraineté, et, sans l'humiliation d'être gardé par une armée étrangère, régnant sur une population satisfaite et dévouée. Bientôt, en un mot, l'un des plus graves problèmes de notre époque sera résolu ; et alors il n'y aura pas assez de louanges et d'hommages pour le grand prince qui, calme, inébranlable au milieu de tant de passions, aura accompli toutes ces choses à la gloire de la France.

Et maintenant, mon cher Président, laissez-moi vous dire qu'en vous adressant le résultat de mes observations et de mes réflexions sur ce sujet, j'ai voulu rendre hommage à l'esprit élevé, au caractère noble et pur dont la présence à la tête du premier corps de l'État est un honneur pour le gouvernement de l'Empereur.

Votre très-dévoué

DUC DE PERSIGNY.

www.ingramcontent.com/pod-product-compliance
Lightning Source LLC
LaVergne TN
LVHW010303230826
846091LV00007BB/2692
* 9 7 8 2 0 1 1 7 6 8 3 1 5 *